Horst Helfrich: Derf's e' bissje meh' sei' ?

AF211093

*Meiner Tochter Rike
mit Dank für ihre Hilfe*

HORST HELFRICH

Derf's e' bissje meh' sei' ?

*Heitere
hessen-nassauische Mundart
in Gedichten*

Band 7 – 2001

© **Horst Helfrich**
 Der'fs e' bisje meh' sei' ?

Covergestaltung:
 Horst Helfrich
 Friederike Bach

Herstellung:
Books on Demand GmbH
Gutenbergring 53, D-22848 Norderstedt

Credits:
Dank der Nova Medai Verlag GmbH,
Friedrich-Kaiser-Str. 21,
58638 Iserlohn
für die freundliche Genehmigung
zur Verwendung von Cliparts.

Alle Rechte
bei Horst Helfrich,
Holzappeler Str. 19,
65624 Altendiez

ISBN 3-8311-2934-7

Redde ess Silwer,
's Maul halle Blech

Horst Helfrich

Derf's e' bissje meh' sei?

Wann dau mol bei de Metzjer lääfst,
unn dir e' vertel Flaaschworscht kääfst,
daa säht de Metzjer gleich debei,
oab's net e' bissje meh' derft sei'.

Doatt Schlaachwort hott mersch o'gedouh',
unn ließ mer noachts em Bett kaa Rouh.
Woatt wär – honn aisch maisch mol gefräht –
wann's jeder daa so mache däht.

Wenn mol de Blindarm mißt e'raus,
säht dä Schirurg em Krankehaus:
"Mir schneire groad so schee all'wei',
dirft's net e' bissje meh' noch sei?"

Wenn dau en Fraa, schee schlank ,verflucht,
e' Lääwe lang host dir gesucht,
unn's kimmt so'n Dick unn säht: "Sei mei',
's derf doch e' bissje meh' wull sei".

Wenn dau seit Joahrn dei Kreuz gedroh',
leihst off der Knej, kimmt aaner o',
unn henkt dir noch en Sack debei:
"S'derf doch e' bissje meh' noch sei?"

Doch wann de broav om Monats'enn,
fier dei Gehalt hältst off die Hänn',
säht niemand dir, se wärn so frei,
unn oab's e' bissje meh' dirft sei."

Em Wuchebett

Die Modder hat vier knapp zwaa Stunne,
groad en ihrm Wuchebett entbunne,
unn drauß vier ihrer Schloofstubb'dier
stann Klaus, ihrn klaane Boub defier.

Do soaht de Babbe: "Hier mol Klaus,
aus hej der Stubb do bleibste drauß.
Die Modder, unn doatt derfste wisse,
wurd ääwe groad vom Storsch gebisse.

"Aach doatt noch", doat det Kläusje trauern,
"die Modder ess heut ze bedauern.
Die Nerrerkunft woar jo schun orsch,
unn weil aach noch de Klapperstorsch."

En weire Wääg

No Crambersch wurd die Doache letzt
en neue Parrer hie versetzt.
Ä' doat gleich die Gemaa beseh'
unn wollt mol nochem Reschte seh'.

E' sauwer Dörfsche, doochte saisch,
doatt ess genau dä Ort fier maisch.
Unn wie aisch sehjn, bei dene Fromme
benn aisch hej sischerlisch willkomme.

So ginge dorsch den klaane Ort
unn doocht voll Freud o' Gottes Wort.
Om nächste Doach – die Sunn doat lache –
wollt ä' aach mol no' Staansbersch mache.

Ä' hott so'n klaane Boub gefräht,
wu daa dä Wääg no' Staansbersch geht.
Dä hott'sem freundlisch offgezeischt,
wie mer den Ort ganz rasch erreischt.

"Ich danke dir, mein kleiner Sohn,
am Sonntag will ich dir als Lohn
im Gottesdienst den Weg dir weisen
zum Himmel, den du mögest preisen."

"De Wääg zom Himmel?" soaht dä Klaa,
"findst dau den werklisch ganz allaa?
Wenn dau net waaßt wu Staansbersch leiht,
den suchste doch en Ewischkeit."

Schlääscht Orwed

Doatt Philippsche hott ruure Hoar,
ganz feurisch senn die Berschte,
unn en der Schul werd's oft gefoppt,
's ess werklisch goar zom ferschte.

So kimmt's als werrer mol gerannt,
unn doat erbärmlisch kreische,
die annern dääre alsfort nur
do off sein Kopp hie'zeische.

Die Modder nohmen soacht beiseit
unn doaten o' saisch dricke:
"De lejwe Gott doat daisch so schee
met deiner Hoar beglicke.

Net jeder hott so'n ruure Kopp,
ruut ess die Forb der Rose,
de brauchst daisch werklisch goar net meh'
do'driwwer ze erbose."

Do soaht det Philippsche ganz bees:
"Weil honn aisch's fest beschlosse,
oab heut doun aisch bei'm lejwe Gott
mir nix meh' mache losse."

Wie em Lääwe

De Schutzmann Bolz ging mol spaziern,
unn doat sei Derfsche kontrolliern.
Do soaße stell om Strooßerand
zwaa Kenner ennem Haafe Sand.

"Woatt spillt ihr do", fräht ä' die zwaa,
do soaht doatt Mädsche: "Mann unn Fraa.
Groad ääwe honn mir uss getraut,
wie'n Bräutigam unn wie'en Braut."

Do lacht de Bolz: "Mein Glickwunsch aach
fier eusch o' so'em scheene Daach.
Jedoch woatt soll die bissisch Dogge,
die zwische eusch em Sand dout hocke?"

"Genau", maant's Buibsche, "wie em Lääwe",
so spille mir doatt Spill hej ääwe.
Doatt muß so sei', wie'm Aij de Dotter,
dä spillt mei' krappisch Schwejermodder."

Dä Klapperstorsch

Die Klaane en der Schul lier'n ääwe,
wie wunnerboar entsteht det Lääwe.
De Lehrer fingt ganz vorne o',
unn nimmt ze'iersch die Bloume dro'.

Ä' zeischt'ner wie se wern befrucht,
wenn so'en Bien no Nektar sucht.
Die Kenn hier'n eifrisch staunend zou,
nur'd Schorschje hält om Sitz kaa Rouh.

De Lehrer fräht den klaane Borsch,
oab ä' glaab o' de Klapperstorsch.
"Aisch net", soaht's Schorschje do beflisse,
"mei Schwester hott dro' glaawe misse."

Gespoart

Die Zeuschnis stanne fier der Dier,
do nohm de Kall den Fritz saisch vier:
"Horsch Fritzje", plärzte, "bass mer off,
doatt do versetzt steht unne droff.

Doatt wär fier uss det greeßte Glick,
unn dau det allerbeste Stick.
Aisch well gewiß aach o' daisch denke,
unn zwanzisch Mack dir dofier schenke."

Als dä Doach der Wuhret koom,
de Babbe werre'd Fritzje nohm
unn soaht: "Main Boub, derf aisch daa lache,
doust dau mir daa en Spaß weil mache?"

Do soaht dä Klaa: "Ei sischerlisch,
wenn doatt kaan Spaß hej fier daisch iss,
Doatt werd bestimmt dir goud gefalle,
de kannst dei zwanzisch Mack behalle."

Die Mumie

En der Geschischtsstunn wurd e'mol
Ägypte aanst besproche,
dä Lehrer zeischt der Kenn en Film
vo' Gräwer unn vo Knoche.

Vom Reischtum, dä doatt Land geprääscht,
vo' huuche Pyramide,
vo' manschem Herrscher, dä's do goab,
vo' Kriesch unn aach vo' Friede.

Do frähte en der nächste Stunn,
woatt saisch die Kenn behalle,
unn wer kinnt mol en Viertroach weil,
groad iwwer Mumie halle.

Do meld saisch aane vo' der Klass,
dä piffisch Christjan Wenisch:
"Ei so'en Mumie ess, ihr Leut,
en engemoachte Keenisch."

Verhinnert

De Fuhr-Schorsch hat em Bett dehaam
mol aanst en wunnerscheene Draam.
Ä' kroach geschenkt, ganz naachel'neu,
e' Foahrroad vo' seim'm Schwoacher Scheu.

Om nächste Moijnd doat ä' gleisch kund,
dä Draam seim'm beste Freund Kall Hund.
"Aisch fuhr", so soare, "bes zom Rhei',
unn moacht e'noff zur Loreley.

Jedoch dä Bäärg zom Felse huuch,
dä nohm doatt Foahrroad wie em Fluuch.
Kaan Tritt moacht aisch met meiner Baa,
doatt Road furh schnurstracks ganz allaa."

"Doatt es doch goar naut", soaht de Kall,
"aisch hatten Draam wie'n Sindefall.
Zwaa Weibsleut loache en mei'm Bett,
unn schmuste met mir im die Wett.

Die aa' woar blond, die anner schworz,
bedeckt nur metten korze Schorz,
aisch wußt baal neet meh' enn noch aus,
se spillte met mir Katz unn Maus.

Aisch ben jo sost net klaa'karriert,
doch zwaa off aamol, doatt lädiert.
Mer hott jo goar ne so vill Hänn,
fier so Gespann im Plümmo drenn."

"Dau Dabbes", rief de Schorsch zom Kall,
"woatt riefste maisch net en so'm Fall?"
"Doatt ging net", soaht ä' do zom Fuhr,
"de woarscht doch off'ner Foahrroad-Dur."

Doatt praktisch Beispill

En so'en Dorfschul wurd hej jetzt
en neue Lehrer hie versetzt.
Ä' koom vo Dejz unn woar bekannt
als gourer Pädagooch em Land.

Doatt Aamol'aans woar bei der Kenn
em Kopp noch so rischtisch drenn.
Drim doat o' Beispill ä' probier'n,
wie rasch mer kann die Zoahle lier'n.

"Jetzt bass goud off, unn hier mer zou,
dein Voadder, Kurt, dä hott en Kouh,
die gibt om Doach drei Liter Milsch,
wievill senn's daa en fünf, mein Knilsch?"

Do soaht dä Klaa ganz Knall unn Fall:
"Mein Voadder hott kaa Kouh em Stall."
"Unn du, lejb Lissbett, woatt maanst du?
Waaßt du die Antwort gleisch im Nu?"

"Aisch aach net", soaht det Liss beflisse,
"aisch honn kaan Voadder, mißter wisse."
"Jetzt oawwer", soaht de Lehrer do,
"nau macht unn strengt eusch ebbes o' !

Dä Fritz, dä waaßes, gelle Klaaner,
dau bist vvo' der Gescheure aaner."
"Aisch däht dersch soh", doat ä' frohlocke,
"nur steht uss Kouh zur Zeit groad trocke."

Nur kaa Imstänn

De Antes koom ent Krankehaus,
ä' hielt's fier Schmerze kaum noch aus,
sein ganze Leib woar offgebläht,
wie so'en Kürbis, wie mer säht.

Dä Dockter hotten saisch betroacht,
unn gleisch sei' Diagnos gemoacht:
"Hej werd net lang e'rimprobiert,
de Antes werd gleisch oberiert."

Unn eh dä Orme saisch versah,
verständischt mer noch rasch sei' Fraa,
se bräuscht saisch weil net offze'reesche,
zur Not krääsch ä' sofort de Seesche.

Unn middoachs geesche halwer drei,
woar, Gott sei Dank, dä Groom vorbei.
Ä' loach em Bett, woar dick verbunne
unn hat en Schlauch em Hals dejf unne.

Do soaht dä Dockter: "Antes horsch,
weil sei' schee tapfer, lejwer Borsch,
et ess mer do e' Deng bassiert,
de werscht gleich noch'mol oberiert.

Weil en dei'm Bauch do senn gebliwwe,
bei dem Geschnibbel ääwe driwwe,
mei' Gummi'hensche vom OP,
et dout mer selwer schrecklisch weh."

Do flistert leis de Antes dinn:
"Schloah der die Imstänn ausem Sinn.
En meiner Schublaod leiht wink Geld,
do wern poor neue fier bestellt."

Feuscht Orwed

Die Frische Bouwe troofe saisch
hej aanst beim Dämmerschoppe.
Unn wie doatt do so Moore ess,
doat mer sei' Sprisch aach kloppe.

Dä Älste soaht: "Aisch schaffe geern,
aisch well eusch net bele'je,
aisch doun vo morjnds bes owends dejf
maisch en die Orwed kne'je."

Do soaht dä Kleenste vo der drei,
dä Jingste vo der Frische,
doatt kinnt aisch net, so laad mersch dout,
weil aisch Beddong doun mische."

Doatt entheilischt Owendmohl

De Jakob wollt zom Owendmohl
om Uuster-Sunndoach Morsche,
weil ihm die sindisch Lääwens'oart
ihm moacht doch gruuße Sorsche.

Weil ä' ze spät koom, woar kaan Platz
meh' en der Kersch ze kre'je,
drim doare, bis die Predischt rim,
zom Wertshaus niwwer zehje.

Do harre saisch en korzer Zeit
poor Konjack enn'gegosse,
unn ess im halwer zwelf nochmol
zur Kersch e'nenn geschosse.

Ä' koom aach groad noch rischtisch o',
ä' woar de letzte Fromme,
dä weeschem Owendmohl des Herrn
no' vorne hie' ess komme.

Ä' nohm den Kelsch met zwaa Hänn' o'
unn hotten ausgetrunke,
unn hott den Parrer do'deno'
saisch nochmol her'gewunke.

"Wenn's geht, Herr Parrer, seid so goud,
macht noch mol voll doatt Denge,
unn doun'se mir groad bei dem Gang,
poor Malboro metbrenge."

Plausibel

Die Jane hott die Doache letzt
met Hannjersch Sann e' Keit geschwetzt.
"Aisch honn gehiert", soaht die alt Jane,
"ihr'n Mann, dä moacht als werre aane.

A' wär seit gestern Noacht verschwunde,
so mäscht's em ganze Dorf die Runde.
Wann's stimmt, da soaht mir doch worim,
moacht ä' saisch daa so pletzlisch dinn?"

"Dä hott saisch goar net dinn gemoacht,
mei'n Alte setzt seit gestern Noacht.
Dessweesche ess dä momendan",
soaht's Sannsche, "net bei mir dehaam."

"Allmäschtscher Gott, doatt ess der Aane,
unn worim setzte?" fräht die Jane.
Do soaht ganz bitterbees die Krott:
"Ei nur, weil ä' gestanne hott."

Mißverstanne

De Schambes soaß em Kermeszelt
unn hat en gruuße Schnaps bestellt.
Doch dauert doatt en Eewischkeit,
so'n aale Kellner nohm saisch Zeit.

Do krisch de Schambes bees em Zorn:
"Det Laa noch mol, woatt mäscht mein
Korn?"
"Ei", soaht dä aale Mann em Frack,
"aan gruße Schnaps, genau zwaa Mack."

Doatt Hörgerät

Dä Wennert's Christjan hat seit Joahrn
me'm hier'n ganz gruuße Sorsche.
Ä' kunnt met seiner aale Uhrn
groad goar kaa keit meh' horsche.

Drim hott sein Dockter ihm e'mol,
e' Hörgerät gerschriwwe.
De Christjan hott's aach gleisch gehollt
en Dejz em Städtsche driwwe.

"Wie klappt's da?" hott dä Schorsch gefräht,
do lacht de Christjan Wennert:
"Ei prima, dreimol honn aisch schunn
mei' Testament geännert."

Dem Schorsch sein Fang

De Weber Schorsch soaß o' der Loh'
met lange Angelrute,
jedoch kaan Fisch biß bei'em o',
en dene gruine Flute.

Off aamol riefe: "Jetzt, et beißt,
weil honn aisch woatt gefange",
unn wie'e rasch die Schnur raus reißt,
woarsch nur en Scherm, en lange.

Doch pletzlisch rief'e werre: "Guck,
dä Schwimmer dout schunn hippe",
unn zooch den Hooke raus me'm Ruck,
do woarsch e' bleschern Dippe.

"Det Laad", soaht ä', "det Laad, verflucht,
et muß muß doch aaner beiße",
unn noch noch'mol horres do versucht,
do koom e' Büscheleise.

"Aisch glaawe", soare zou saisch do,
"hej dout saisch's goar net lohne,
wu aisch groad fische en der Loh',
do dout jo aaner wohne."

Makaber

De Obba soaß em Sässel stell,
kaa Wertsche doare schwetze,
do koom dä klaane Kurt debei,
unn doat saisch zou'em setze.

"Horsch", soaht die Oma", dou doch mol
en Spaß dem Obba mache,
vielleischt kann ä', wie lang net meh',
so rischtisch herzhaft lache."

"Ei freilisch", soaht dä klaane Kerl,
"aisch well en Freud ihm brenge,
wenn's klappt, daa doure aach vielleischt,
mol werre Liedsche senge."

"Wie soll mer daisch daa en dei' Groab",
doat ä' den alt Mann frähe,
"met Musick, oder'm Fraue'chor
wenn's gilt, e'nunner'lähe?"

Dä phüsisch Grund

Om Leinepoad do soaß de Groh
unn hat sei Angel en der Loh'.
Deneewer weirer em Gebisch,
aach met'ner Angel, soaß de Frisch.

Do koom en Kurgast groad vorbei,
unn soaht zou dene: "Ei, ihr zwei,
nun sagt mir doch warum ihr angelt,
woran es euch den physisch mangelt?"

Do doat de Groh die Angel werfe,
unn soaht: "Ei, weesche meiner Nerve."
"Unn aisch", maant do verschmitzt de Frisch,
"nur weesche dene scheene Fisch."

Weschdoach

En Dejz em Heidelberjer Fass
soaß geern de Strooßekiehrer Nass.
Doat jeden Doach sei' Spillscher kloppe
unn aach die Stammgäst oftmols foppe.
Off jeden Fall, mer kunnten fenne
em reservierte Stibbsche henne.

Unn wie'e werre mol do soaß,
om Deckel schunn det x-ste Gloas,
koom en die Dier sein klaane Paul
unn rief met sei'm geschmierte Maul:

"De sollst jetzt offhier'n met dem Zesche,
die Mamme däht dei Hemp geern wesche."

Dem Ludwisch sein Dank

Dä Ludwisch moacht em "Gold'ne Fass"
saisch grindlisch mol die Läwwer nass.
Unn sie's so halwer aa' rim woar,
koom met der Baa ä' net meh' kloar,

Ä' stollwert en der Wertsstubb rim,
fiel zwaamol nochem Offsteh' im,
do soaht de Wert: "Mein gourer Mann,
mer doun daisch hamm."

De Christian unn sei kräftisch Sett,
die soare aach: "Mer nommen met."
Die Sett hott ihn om Rock gepackt
unn schwer ihr'm Christian offgesackt.

Unn wie so'n Säcker vo' der Loh',
hott ä' den Lui em Kreuz gedroh'.
So honn'se dorsch die duister Noacht
saisch met dem Ludwisch hamm gemoacht.

Daa hoowe en der Schlofstubb drenn
die zwaa den Mann ent Bett e'nenn.
Se honnen aach noch zou'gedeckt,
do hore saisch noch mol gestreckt:

"Nur so kaa Imstänn, lejwe Leut,
et hott maisch werklisch orsch gefreut,
doch weil komm aisch, unn doatt net
schlääscht - allaa ze'rääscht."

Falsch verstanne

Em "Anker" saaß o' jedem Doach
dä Sachsehäuser Stobbe.
Om runde Disch sei' Schlaachwort woar:
"hopp, noch'en Schnaps me'm Schoppe."

Unn wie's so ess om Monats'enn,
do wer'n die Grosche knapper,
wie do dä Wert sei Geld wollt ho',
do soare: "Hall die' Sabber!

De schreibst mer mol mei' Zesch hej off,
aisch mache heut en Deckel,
weil aisch kaan ruure Fennisch meh'
honn en mei'm Buxe'seckel."

Do soaht dä Wert, de Heine, ernst:
"S'werd nix meh' offgeschriwwe,
so ben aisch met der annern Gäst
aach neuerdings verbliwwe."

"Woatt mir dro' leiht, mach woatt de wellst",
doat do de Stobbe lalle,
"nur soah mer mol, wie wellste daa
den ganze Kroom behalle?"

Ze spät

Em Dejzer Schloß woar met ihr'm Mann
hej sunndoachs morjnds die Mine,
unn guckt saisch em Museum o'
die gruuße Gloasvitrine.

Dohenner woarn aus alter Zeit
vo' Staa'zeitmensche, Dippe,
die domols o' der Loh' gelääbt
em Fels met ihrer Sippe.

Vo' mansche Denger fählt en Eck,
woarn Stecker raus'gebroche,
unn aach net meh' bei'nanner woarn,
vom Mammut gruuße Knoche.

Do soaht die Mine zou ihr'm Kall:
"Mir doaren Fähler mache,
schunn fruiher hät mer her gemußt,
wie ganz noch woarn die Sache."

Dä kulturell Christjan

De Christjan soaht: "Off alle Fäll,
mich mache jetz' off kulturell.
Mir foahrn zom Staatstheater naus,
unn geh'n nur noch ent Opernhaus."

"Doatt ess", maants Bettsche, "naut fier maisch,
do gibt's en jedem Akt en Leisch.
Doatt dout mir immer so orsch laad,
wenn dej do sterwe gruuß unn braat."

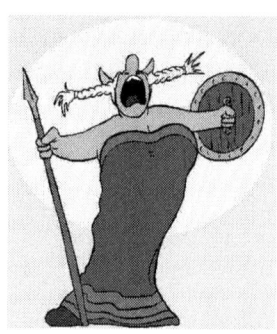

"Doatt brauch der doch net laad ze dou",
soaht ä' ihr do en aller Rouh.
"Wann sost mer sterbt, da gibt's Gewimmer,
hej singt die Leich beim Sterwe immer."

Die Schlankheitsduur

"Aisch honn gehiert", soaht Wellersch Liss,
met ihrer goud ge'elte Schniss,
beim Kaffiiklatsch zom Lottsche Brinks,
"ihr Mann fiehrt Foahrroad neuerdings."

"Jo, jo", soahts Lottsche, "doatt dout stimme,
mein Mann mäscht jetzt off fleißisch trimme.
O' jedem Doach fierht ä' me'm Road,
so dreißisch Kilometer groad.

Domet dä Späckbauch kimmt e'runner,
ess dä weil sportlisch, 's ess e' Wunner."
Do soaht die Liss: "Ei, ess doatt wuhr,
daach'dächlisch so'en greeßer Duur?

Unn hott's daa schunn geholfe woatt,
ess daa dä Bauch schunn bissje fort?
Erfillt so'n däschlisch Foahrroad'streck
da werklisch aach ihr'n goure Zweck?"

"Mir wisses net, mei lejb goud Liss,
weil ä' orsch zimmlisch weit schunn iss.
Doch gestern horre noch geschriwwe,
ä' wär schunn korz vier Salzbursch driwwe."

Korz unn bündisch

Abbels Lui woar beim Frisör,
fräht de Maaster Schmittel:
"Wie solls sein, mein Lieber Herr,
kurz, lang oder mittel?"

"Alle drei so korz, wie's geht",
soaht de Lui zom Abbel,
"Hoar unn Boart, unn außerdem
aach ihr domm Gebabbel."

Schnitzeljoacht

Beim Schoppe soaß om runde Disch
de Noll, de Napp unn aach de Frisch.
Mer doat sein Dorscht rescht eifrisch lesche
unn frehlisch, lustisch doat mer zesche.
Do setzt saisch noch aus Dickerisch
de Plaster-Hermann o' de Disch.

Mer prost saisch zou un doat verzähle,
wie aam die Sorsche dääschlisch quäle,
wie' dreckt unn zwickt unn kneift unn zehjt,
wie, wann unn wu mer Reißes krejt.
Unn so mansch Gloas geht hie' unn her,
de Geist werd leisch, die Zung werd schwer.

Do fräht de Noll de Nappe-Schorsch:
"Wu bleibt da heut dein älste Borsch?"
"Ei", soaht de Napp und hott gelacht,
"mein Kall ess off der Schnitzeljoacht.
Dä ess doch bei die Jääscher gange
unn hott als Treiwer o'gefange."

Do maant de Plaster-Hermann: "Komm,
hall maisch doch net fier goar so domm,
macht werklisch weil mol ebbes soachte,
die Schnitzel krejt mer doch vom Schloachte,
unn wer'n net – Napp, dau mäschst doch
Bosse –
weil neuerdings em Wald geschosse."

Nur aans noch

Owends rieft mein klaane Wischt:
"Babba, nur noch aa' Gedischt."
Unn schunn ben aisch iwwerredd,
"nur noch aans, da geht's ent Bett.

Em Stall steh'n Kälbscher klitzeklaa
off woackelische Stelzebaa'.
Unn wenn'se so imherstolzier'n,
dout oft so allerhand bassiern.

Aa' Baa' vier, unn aans zerick,
manschmol hott doatt Kälbsche Glick.
Doch wenn's kimmt e'mol ze Fall,
leiht de Aamer Milsch em Stall."

"Oach wie schee", rieft do de Wischt,
"Babba, noch e' klaa Gedischt."
Unn schunn ben aisch iwwerred,
"nur noch aans, da geht's ent Bett.

Wenn die Katz die Maus entdeckt,
saisch die Maus em Loch versteckt,
unn die Katz setzt vier dem Loch,
aamol komme musse doch.

Verzäh Doach dout sej schunn warte,
doch die Maus ess drauß em Goarte,
weil se hott em Stibbsche doch
henne'naus noch so'e Loch."

"Oach wie schee", rieft do de Wischt,
"Babba, noch e' klaa Gedischt."
Unn schunn ben aisch iwwerred,
"nur noch aans, da geht's ent Bett.

Wenn dä Schnii vom Himmel fällt,
färbt saisch weiß drauß die ganz Welt.
Doch woatt wär doatt fier e' Wunner,
fiel e' bundisch mol e'runner.

Bloh säh ussern Schniimann aus,
grui bedeckt wär usser Haus,
unn et wär'n off alle Latte,
feuer'ruure Kepp wie Watte."

"Oach wie schee", rieft do de Wischt,
"Babba, noch e' klaa Gedischt."
Unn schunn ben aisch iwwerred,
"nur noch aans, da geht's ent Bett.

"Wenn dä Mond om Himmel steht,
unn saisch im die Sternscher dreht,
scheckt dä Mann em Mond ganz soacht,
daisch weil en die friedlisch Noacht.

Unn gleisch morje en der Fruih
ess mei' Buibsche net meh muih,
weil da gibt's rasch fier mein Wischt
schunn det ierschte klaa Gedischt."

Preisvergleisch

Det Rieksche vo' sei'm Dejzer Patt
zom Nomensdoach en Bopp krejt hat.
Se hat den ruure Krollekopp
unn 'Mamma' rief aach noch die Bopp.

En Bluus met weiße Spitze dro',
die hat'se unnerm Dirnd'l o'.
Poor Ringelseckscher, schee geringelt,
e' Spitzehösje fei' gekringelt.

Poor schworze Lackschoh, elegant,
e' Täschje im die lejb klaa Hand,
so woar die Bopp e'rausgebotzt,
det Rieksche hott met ihr geklotzt.

Doch ließ die Neuschier ihr kaa Rouh,
et hott die Bopp mol ausgedouh.
Wie's drunner aussehjt, wollt's mol gucke,
doatt doat det Rieksche alsfort jucke.

Woatt Neues hott's jo net entdeckt,
woatt ihm Int'resse hätt geweckt,
doch doat off ihrer Boppesbacke
e' Preisschild vo' dem Loare placke.

Unn off dem Schildsche woar ze lääse,
wie deuer ess die Bopp gewääse.
Gloatt fuffzisch, groad so off de Kopp,
so deuer woar dem Patt sei' Bopp.

Unn gleisch rief et die Omma do:
"Geh' guck mer doch mol henn no',
woatt off mei'm Boppes steht geschriwwe,
wie deuer aisch beim Kaaf verbliwwe."

Anatomie

Det Schorschje aus der Hinkelsgass
un'd Elsje Schmidt vom Plaster,
dej woarn, wenn's gruuße Ferje goab
des'eftersch schunn e' Laster.

Mol hat dä Schorsch det Knej kabutt,
mol woar de Kopp verrimmelt,
mol hat det Elsje neue Schouh
no' aam Doch schunn gehimmelt.

Mol woar die Bux vom Schorsch verrobbt,
doatt Hemp mol voller Flecke,
unn oab unn zou hing's Elsje aach,
drauß' en der Bromberhecke.

Dä Schorsch fiel eftersch en die Bach,
det Elsje en de Weiher,
unn ganz met Schuckeload beschmiert
koom mer vo' mancher Feier.

Doch hej, do woarn se alle zwaa
en Brennessel gefalle,
kaa Mensch kunnt sej vier Schmerze kaum,
beim Schorsch dehamm noch halle.

Dem Schorsch sei' Modder hott'ner groad
die Klaarer ausgerisse,
unn doat die brennend Stelle gleisch
bestreische met Melisse.

Unn wie die zaa so saisch gesehj,
so nackisch geesche'iwwer,
do guckt det Elsje bei dem Schorsch
so iwwerall mol driwwer.

"Als Protestant, wer hät's geglaabt",
schielt's hie' met gruuße Blicke,
"doatt mir do unner anerscht senn,
als wie die Katholicke."

Wertlisch genomme

"Mir geh'n", soaht Dielmanns Willy mol,
"om Samsdoach Owend ässe,
da kammer doch den Alldoachs'streß
beim goure Wei' vergässe."

"Da dou", maant's Elsje, "gleisch noch heut
daisch bei dem Dreiling melle
unn dou fier Uhrer oacht bei dem
en scheene Disch bestelle."

Gesoaht, gedou, die Willy rief
per Tellefon dohinne,
oab sej ihm fier de Owend mol
en Disch frei halle kinne.

"Nadierlisch", soaht de Dreiling-Wert,
"aisch doun der aane halle,
de Owend werd en meiner Kneip'
eusch ganz bestimmt gefalle."

Om Samsdoach Owend koome daa
die Dielmanns offgedunnert,
jedoch beim "Hecker" honn'se saisch,
kaum woarn'se drenn, gewunnert.

Weil o' dem Disch, dä reserviert,
honn goar kaa Stuihl gestanne.
Die zwaa, die woarn vielleischt perplex,
doatt doat'se iwwermanne.

Do maant de Dreiling ganz gewixt:
"Weil seid net so verbisse,
ihr hobt doch nur en Disch bestellt,
vo Stuihl doun aisch naut wisse."

Fier alle Fäll

Die Marrie unn de Hannjerschorsch
senn en der Stoadt gewääse.
Mer hat vom Sommerschlußverkaaf
em Bläätsche woatt gelääse.

Unn en der Altstoadt doat mer aach
bei Hautzels niwwer laafe.
Die Marrie wollt en besser Bux,
en hell, ihr'm Hannjer kaafe.

Mer läht'ner gleisch poor goure hie',
aus so'em Stapel unne,
wie sej de Hannjer sollt probier'n,
hott mer'n net meh' gefunne.

Wie ihn die Marrie hott gesucht,
ess aach de Scheff noch komme,
unn fräht, oab sej vo dene do,
so'n Bux met hamm wollt nomme.

"Jo, jo", stehnt do die Marrie schwer,
"aisch däht jo schunn poor kaafe,
doch honn de Hannjer aisch verluurn,
e' Kreuz, ihr kinnt mersch glaawe."

Do doat de Klein zom Marrie soh:
"Da geh'n mer gleisch mol riwwer,
unn gucke nochem Trauerklaad
unn woatt fier owwe driwwer."

Silwerhochzet

Zom Bollizeiamt koom hej letzt
de Kunze Kall vo' Naase.
Sei Fraa wär fort, wär net meh' do,
Susannsche, dät'se haaße.

Dä Kripomann soaht: "Setzt eusch mol,
aisch muß so mansches frähe,
unn fier die Fahndung muß aisch aach
e' Protokoll o'lähe."

Da doare en die Schreibmaschin
e' Bloat Babier nenn'spanne
unn maant, ä' sillt, woatt ä' so wißt,
verzehle vo' der Sanne.

Wie gruuß se wär, oab dick, oab dinn,
die Forb vo' ihrer Aache,
so stellt genau dä Bollizist
dem Kall gezielt die Fraache.

Unn wie die Hoar om Kopp daa wärn,
oab offe, oab gebunne,
weil, wammersch wißt, hät mer schunn oft
Vermißte rasch gefunne.

Unn woatt fier Klaad om Leib se hät,
oab huuche Schouh, oab flache,
doatt wärn fier so'en Fahndung weil
enorme wischt'sche Sache.

Zeletzt fräht ä' den Kunze Kall,
seit wann se daa verschwunne,
unn wann ä' sej zeletzt gesehj,
unn wu, zu welsche Stunne.

"Nui Joahr senn doatt gewiß schunn her",
soaht do dä Kall ganz locker.
Den Kripomann hääscht's beinoh do
vo seiner Redd vom Hocker.

"Worim seid ihr daa weil ierscht hej?
Do soaht de Kall bekomme:
"Ei, Silwerhochzet hommer baal,
do ess mer doch zesomme."

Heilische Troppe

Poor Kuih hat drauß noch en seim Stall
vo Dickerisch de Bolte.
Jedoch ä' hott'se oft verflucht,
weil dej net kalbe wollte.

Et hott aach alles naut genitzt,
vom De'jer'oarzt die Spritze,
oab Pollwer, oder flissisch Zeusch,
die Kuih, die bliewe sitze.

Ä' hott der Kuih goud zougeredd:
"Jetz' macht doch mol poor Kälwer,
wenn's aach de Dockter net gepackt,
probierts doch endlisch selwer!"

Jedoch die Bejster woarn ze faul,
im Kälwer'vehj ze kre'je.
De Bolte doat vier laurer Prass
saisch schunn die Hoar auszehje.

Do soaht sei Fraa: "Uss Parrer mißt
die Sach en Ordnung brenge,
dä kann die Kuih em Stall e'mol
met heilisch Naß besprenge.

Gosoaht, gedouh, de Parrer koom,
hielt en dem Stall die Messe,
unn doat die Kuih met fromme Sprisch
fier'd Kalbe goud benässe.

No'm halwe Joahr de Parrer fräht:
"Senn daa die Kuih weil träschtisch?"
"Wahrhaftisch", soaht de Bolte fruh,
"die Bäusch gedeihe präschtisch.

Doch fürscht aisch", soahte dä Bauer noch,
"uss Moad, doatt Elsje Noppe,
hott oabkrejt vom geweihe Nass
beim Seeschne aach poor Troppe."

Aan klaane Fähler

So'en Firma hej em Taunus
hott em Bläätsche annongsiert,
sej wär'n fier de nächste Ierschte
o'em Neue int'ressiert.

Fleißisch sillt dä goure Mann sei',
orwedswilisch unn korrekt,
unn sei' West mißt weiß unn sauwer
sei, unn net klitzeklaa befleckt.

Hannjersch Heine fuhr gleisch hinne,
hott saisch freundlischst viergestellt,
ungesehj kinnt mer ihn nomme,
so hott ä' saisch dorgestellt.

"Raache sie?", fräht ihn de Maaster,
"Gottsche naa", soaht ä' beglickt,
"met der ganze Zigarette,
hat aisch niemols en Konflikt."

"Unn wie esses mettem Trenke,
trenkt ihr geern e' Gloas ze vill?"
"Goar naut trenk aisch", soaht de Hannjer,
"Alkohol ess net em Spill."

"Unn met Weibsleut hobter aach naut,
hobter nix domet em Sinn?"
"Naa, naa, naa", winkt oab de Hannjer,
"do mach aisch maisch immer dinn."

"Unn wie esses mettem Offsteh?"
Seid ihr immer pinktlisch hej?"
"Aa' Stunn fruiher", soaht de Heine,
"aa Stunn fruiher, ihr werd's sehj."

"Ei det Laad", soaht do de Maaster,
"ohne Fähler, gibt's doatt noch?
Ei, doatt kann aisch goar net glaawe,
ierschendwu ess doch e' Loch."

"Ihr hobt rääscht", lacht do de Hannjer,
schelmisch horren o'geguckt,
"Aane honn aisch – nur so'n klaane,
lüüsche doun aisch wie gedruckt."

Schmeicheleie

Manschmol määscht aisch Mäusje spille,
wenn saisch zwaa honn en der Woll,
dovo' kinnt mer Liesche senge,
wenn dej zanke saisch wie doll.

"Buxeschisser, Säukopp, Orschel,
Kniddelpierer, schlääscht Bagaasch,
Läuzsezibbel, ääbscher Knoche,
Muffkopp, Plärrmaul, bleeder Aasch.

Schlappmaul, Freßsack, Rattepinscher,
Klotzkopp, Nixnaut, hohl Gehern,
Lahmeträärer, Dollbatsch, Rommel,
Dreckschnuut, Schussel, lohmer Kerrn.

Dibbegucker, Zwiwweldabscher,
Saftsack, Strunzer, schepp Gestell,
Mickedormel, Krimmelsucher,
Schnuutedunker, aal Schrappnell.

Herbstmuck, Säuwatz, Abbelstrunzer,
klaaner Rotzert, schroo faul Krott,
Affegunkes, Stollwerhannjer,
Breimaul, Giftschwanz, aal daab Zott.

Utschebebbes, Hungerleirer,
Deuwelsbejst, verfluchter Watz,
laadser Hund, Korintekacker,
Zimberliß, laads streunisch Katz.

Päädsches'träärer, Backstaa'pisser,
doller Hosbes, Peifekopp,
Puddelphilipp, Bohnesimbel,
Säupriel, Uddel, aaler Mopp."

Doatt senn eschte Schmeicheleie,
voller Kraft pulsiert's em Blout,
unn enn jedem goure Mensche
so'en Schwall em Herz drenn rouht

Anno domini em Herbst

Vom Sankt Peter de Parre,
dä hott unnerischt,
dä Fall met dem Abbel
unnem jingste Gerischt.

Weil die Sach met dem Abbel,
die wär schold dro' gewääse,
doatt dä Herr rigeros wär,
so kinnt mersch aach lääse.

Wenn die zwaa en dem Goarde
vo' dem Baam net genomme,
den Abbel der Weisheit,
wär doatt alles net komme.

Weil dä Herr doch gesoaht hott,
alles dirfte se ässe,
nur do driwwe dä Krotze,
den sillt mer vergässe.

Doch doatt Mensch hott dem Adam
die Renett hie' gehalle,
unn dä beißt aach e'nenn,
im dem Weib ze gefalle.

Do froocht vom Sankt Peter,
de Parre die Kenn:
"Wie lang woarn die zwaa
en dem Goarde daa drenn?"

Do hott Eiffe Ernstje
zou dem Parre gesoaht:
"Ei groad bis zom Herbst,
da wurn'se verjoaht."

"Wie kimmste daa do'droff?"
soaht de Parre zom Eiff.
"Ei, weil vierher", soaht dä,
"senn die Äbbel net reif."

Silvester en Paris

De Ludwisch Knuth unn die Marie,
doatt ess sei' jinger Schwester,
die moachte mol no Frankreisch nie',
me'm Bus groad o' Silvester.

Mer soaht, die zwaa wärn net gescheut,
se wär'n nur deshalb hinne,
im en Paris wie deuern Leut
det Neujoahr ze beginne.

Unn wenn se schunn en Frankreisch senn
wie Intellektuelle,
wollt mer em Eifeltorm huuch drenn
zom Suppee Plätz bestelle.

Als sej do driwwe woarn parat –
det Marie kunnt's net fasse –
do soaht's zom Ludwisch: "Ei, det Laad,
woatt honn die braare Gasse."

Om Plass Pigall honn sej gefräht,
wu mer den Torm däht fenne,
weil die Pariser Raridät,
die däht mer noch net kenne.

Doch honn de Ludwisch un'd Marie
die Leut do net verstanne.
Die soare nur "Mersi, mersi",
unn senn daa weirer gange.

Doch pletzlisch nääwerm Notredamm,
wu Glöckner woar'n zom Grause,
do troof mer Wäller vo dehamm,
die woarn vo Nenterschhause.

Fruh soaht de Ludwisch un'd Marie:
"Wie goud doatt mir uss fenne,
wu geht's zom Eifeltorm daa hie',
mir doun den Wääg net kenne."

Do soaht dä Mann dem Ludwisch Knuth:
"Hej gorad e' Steck e'nunner,
halt eusch o' so'en Werschtsches'bud,
die steht groad unne drunner."

Oach, woatt senn mir Männer fleißisch

Oach, woatt senn mir Männer fleißisch,
senn mir ierscht mol iwwer dreißisch.
Drauße woarsch schunn immer so,
doch dehamm, do fingt's weil o'.

Wenn mir groad vom Schaffe komme,
doun mir schunn det Werkzeusch nomme,
gucke, wu woatt ess ze dou,
menge, menge, nur kaa Rouh.

Esses uss'rer Weibsleut Wille,
jeden Wunsch doun mir erfille.
Lääses vo' der Aache ab,
mache alles, net ze knapp.

Botze doun mir, wäsche koche,
raume off bis off die Knoche,
mache aach die Better noch,
stoppe en der Strimp mansch Loch.

Doun die Kenner trocke lähe,
Windel wäsche, doun net frähe,
oab die Orwed uss geschafft,
unn uss baal dohie'gerafft.

Doun em Goarde Planze setze,
dorsch die Supermärkte hetze,
alles mache mir dehamm,
ganz geduldisch wie e' Lamm.

Oach, woatt senn mir Männer fleißisch,
senn mir ierscht mol iwwer dreißisch.
Alles denk aisch mir nur so,
doch met seschzisch pack aisch's o'.

Die Annongs

Doatt Krempels Tiensche woar noch jung,
groad zwanzisch Joahr doats zehle,
kaan Kerl hott je no' ihr geguckt,
drim hiert mersch nur krakele.

Do soaht die Modder: "Doust e'weil
o'd Bläätsche hinne'schreiwe,
vielleischt dout daa so'n fesche Borsch
o' dir mol henke bleiwe.

Do schreibt mer unner Schiffre nur,
da dout aam kaaner kenne,
unn aach die Zeitung derf daa net
dein Nome jemand nenne."

Et schrieb aach gleisch voll Liebesglut
'Ich blühe ganz im Stillen,
und wäre gerne einem Mann
voll Leidenschaft zu Willen.

Auch bin ich voller Zärtlichkeit
mit roten, süßen Lippen.
Wo ist das Ebenbild von Mann?
Er darf an ihnen nippen.'

Unn drei Doach später stann's em Bloat,
s'doat gleisch ent Aache falle,
doatt Blout koom weil beim Tiensche schunn
vo' der Annongs ent Walle.

No verzäh Doach die Modder fräht:
"Wie steht's daa met der Schreiwe.
Well daa schunn ierschend so'en Kerl
sei Zeit met dir vertreiwe?"

"En Haafe", soaht det Tiensche do,
"et ess net iwwertriwwe,
mer glaabt's net, oawwer s'hott sogoar
de Babbe mir geschriwwe."

Endlisch gemerkt

De Auchust setzt met seiner Sett
em Resterang "Zom Heller".
Om Hals hat ä' schunn die Servjett,
vier ihm die Sopp me'm Deller.

Do riefe dorsch die Wertschaft laut:
"Aisch meescht den Scheff mol schwetze!"
Die annern Gäst hott's schunn gegraut,
wie ä' sei' Maul doat wetze.

De Gastwort koom unn soaht: "Grieß Gott,
kann aisch hej woatt bezwecke?"
Do soaht de Auchust voller Spott:
"Doun sej die Sopp mol schmecke!"

"Mir holle geern", maant do dä Mann,
"gleisch off der Stell en anner,
weil en der Kisch so dann unn wann,
honn mir noch meh' bei'nanner.

Wenn Salz fählt, holle mir sofort
noch ebbes vier die Gaume.
Unn ess ze vill em Sippsche drenn,
doun mir se oab gleisch raume."

"Net needisch", macht net so Geschess,
ihr sollt weil hej dro' nippe,
die Sopp, dej hej em Deller ess,
sollt spier'n ihr o' der Lippe."

Dä Scheff geht o' den Deller dro'
unn wollt die Bruih daa schmecke.
"De Leffel fählt jo", soare do,
"de Leffel, im's Verrecke."

"Na also", maant de Auchust kloar,
unn doat sei Wort bestärke,
"weil dout's doch endlisch aaner mol
en eurer Wertschaft merke."

Zoahle-Reimscher

Verzäh' Mack unn sechsunnseschzisch,
det Liss setzt en der Bitt unn wescht sisch.
Aans unn aans gibt immer zwaa,
de Otto freit unn krejt kaa Fraa.

Goar selten werd mer schunn mol hunnert,
no'm grelle Blitz werd aach gedunnert.
Nui unn nui gibt oachtzäh' Klicker,
fett Flaasch mäscht off die Dauer dicker.

Dreizäh Schoof hott Stolle Stoppe,
mei Wams hott vorne gruuße Noppe.
Dausend Beem hott usser Wäldsche,
det Doris hott noch goar kaa Fältsche.

Dreiunnfuffzisch kimmt vier sibbzisch,
wammer krank werd, säht mer 's gibt sisch.
Drei'nfuffzisch kost e' Breetsche,
mein Kleenste hott e' Kermesfleetsche.

Uss Haus ess die Kanoalstrooß ve'jer,
em Festzelt gibt's nur Suddelbe'jer.
Zwanzisch Mack unn oachzisch Fennisch,
Deppehoas met Klees, doatt kenn isch.

Siwwe Komma nui Prozent,
schlemm ess, wann en Scheuer brennt.
Sechs gedaalt dorsch zwaa ess drei,
fertisch ess die Reimerei.

Trauspruch

Zom Parrer Engel koom die Braut,
und soaht: "Aisch wär geern baal getraut."
Oab sej daa schunn en Trauspruch hät,
hott sej de Parrer aach gefräht.

Wenn net, ä' hät en Spruch parat,
dä wär goud fromm unn hät Format.
"Wo du hin gehst, da will auch ich
hingehn", doatt wär doch feierlisch.

"Naa, naa", soaht do doatt Bräutsche suiß,
"doatt geht net weesche meiner Fruiß.
Mein Bräutigam trääscht Briefe aus,
sei' Lääwe lang vo Haus zou Haus."

Freispruch

De Weller Hinz stann fier Gerischt,
unn moacht der do e' domm Gesischt.

Doch soaht de Rischter: "Sej senn frei,
von weesche ihrer Klauerei.

Se komme dissmol net ent Eise,
dä Enbruch ess net ze beweise."

Do maant de Hinz: "Mir douts gefalle,
da derf aisch jo die Waas behalle."

Glicklisch

Ihr Dochter ess", soaht die Kalline,
"sechs Joahr verlobt", zou Schostersch Mine.

"Aisch maane doch, s'wär o' der Zeit,
se wär zur Hochzet mol bereit."

"Worim?" soaht do die Mine frei,
"loss dej doch noch woatt glicklisch sei'."

Wenn dä Geist net keime well

Wenn aisch mei' Gedischtjer schreiwe,
doun aisch immer so verbleiwe,
doatt saisch alles reime dout,
Doatt leiht Dischter so em Blout.

Doch goar manschmol dout mer sitze,
kimmt ganz pletzlisch oarg ent Schwitze,
weil dä Geist, dä well net keime,
kreuzschwernut, s'dout saisch net reime.

Unn mer quengelt hie' unn her,
ei, det Laad heut esses schwer.
Bis off aamol, ei, do hommern,
dä muß her, et gibt kaan dommern.

Um zom Schluß vo' dem Gedischt
mäscht mer werrer bleed Gesischt,
naa, doatt woar naut, 's werd verisse,
unn schunn werrer Bloat verschlisse.

Doatt ess bei der Dischter drenn,
's gibt nix raschers als sei Hänn.
Eh dä so'en Reim gekloppt,
esse aach schunn klaa geroppt.

Dä Babierkorb werd als voller,
unn dä Kopp werd alsfort doller.
Ess mer daa net meh vo' Sinne,
wirft mer aafach alles hinne.

Lißt doatt ganze Dischte sei',
schafft saisch rasch noch en die Reih',
solle annern Reimscher kloppe,
nix wie fort zom Dämmerschoppe.

Setzt mer daa beim Gläsje do,
fingt dä Kopp als werrrer o'.
Pletzlisch kimmt's, weil kinnt mer reime,
weil douts werklisch rischtisch keime.

Doch all'weil, do esses zappe,
wenn's me'm Dischte aach dout klappe,
die Gedanke wern vertriwwe,
hej beim Wei', do werd gebliwwe.

Iwwerflissisch

Om Kaffii'disch doatt Menzlersch Gret,
doat hej die Milsch verschirre.
"Det Laad", soaht do ihr'n Heinerisch,
"dau bist jo wie Gewirre."

Unn als noch de Honisch lääft,
unn mäscht om Deppisch Flecke,
do doat de Heinrisch hennerm Disch
saisch majestätisch recke:

"Woatt ess daa luus, woatt host dau daa?
Nomm daisch doch mol zesomme,
mer kann daisch, glaaw aisch, nirschends'wu
goar net meh' met aam nomme."

"Jo", stehnt die Gret, "aisch waaßes net,
so geht mersch schun seit Wuche.
Aisch benn so koppluus, ferschterlisch,
det Laad, aisch kinnt's verfluche."

"So? Koppluus biste?" schennt dä Mann,
unn fiehrt saisch off wie'n Dolle,
"wufier honn aisch dir'n Hout gekaaft,
doatt hät aisch wisse solle."

Ganz Orwed

"Die Finster senn zu streische noch",
soaht en der Fruih zom Knippsche,
doatt ess en Lehrboub vo Freidejz,
de Maaster Julius Dippsche.

Unn noch'ner Stunn, do rief de Knipp:
"Die Finster senn gestrische,
soll aisch die Rohme aach noch groad
met der weiß Forb off'frische?"

Iwwerstunn

De Hannes woar bei so'ner Bank
Kassierer drauß' om Schalter,
unn woar vom ganze Geld woatt koom,
em Haus noch de Verwalter.

Doch aanes Doachs woar ä' net do,
die Leut honn schunn gemunkelt,
ä' hätt bei der Kassierei
poor Geldgeschäft verdunkelt.

Un rischdisch, ebbes später koom
en Brief, ä' sillt mol komme
zom Amtsgerischt, do wollt mer ihn
en seiner Sach vernomme.

Do stanne daa vier'm Rischterdisch
unn kroach laut viergelääse,
woatt weeschem Geld do bei der Bank
met ihm so wär gewääse.

Bei so'ner Prüfung vo' der Kass,
hätt Geld gefählt em Keller,
obwohl die Bischer rischtisch wär'n
off Fennisch unn off Heller.

Do soaht de Hannes, doatt wär wuhr,
sei'm Fleiß wärsch ze verdanke,
worim dä Geldbetraach em Säif
dät oab unn zou mol schwanke.

Weil ä' mit seiner Orwed oft
wär en de Reckstand komme,
hätt ä' zom Zehle saisch doatt Geld
no'm Dienst met hamm genomme.

Doatt Gespann

De Rapse Ludwisch woar allaa',
sei' Fraa schunn längst em Himmel,
dessweesche ging zom Ässe ä'
fast jeden Doach zom Krimmel.

De Krimmel hat en Wertschaft drauß,
s'woar kaa besonnersch Kneipsche,
doch troof, weil ä' Gesellschaft sucht,
ä' en dem Haus mansch Weibsche.

Ä' lud se aach zom Ässe en,
ze zwaat do kammer schwetze,
unn iwwer annern, die mer kennt,
so rischtisch driwwer hetze.

Doch amol hott de Krimmel krejt,
vom Raps e' Dunnerwärrer,
ä' hotten fier der ganze Leut
gezuhe iwwer'd Lärrer.

Doatt Huufnääl en sei'm Ässe wärn,
doatt wär schunn immer üblisch,
unn doatt'e Gäuls'flaasch ässe mißt,
wär sowieso betrüblisch.

Doch dissmol hät em Gulasch ä',
aach Holz noch met gefrässe,
doatt do schunn Flaasch vom Gaul drenn wär,
wär lang schunn orsch vermässe.

Unn doatt's jetz' hej en dem Gedeck
däht noch en Woache leije,
doatt kinnt en seiner Gäulsflaasch'kneip,
ä' niemols net verzeihe.

Doatt Wunnermittel

Et troofe saisch morjnds bei'em Schoppe
dä Stolle Hinz unn Knolle Stobbe.

Mer hott so bei dem Gläser'hääwe
verzehlt vom schwere Bauernlääwee.

"Jetz' soah mol", fräht de Stobbe Knoll,
"woatt mäscht dein Eber, lejwer Stoll?"

"Goar schlemm", soaht dä, "s'woar zom
Verrecke,
dä wollt unn wollt die Säu net decke.

Mer honnen sogoar hie'geschoowe
unn met Gewalt noch droff'gehoowe.

Doch ussern Dierarzt Dr. Knittel,
dä hott e' prima Decklustmittel.

Unn de glaabst net", soaht de Stoll,
"seit do der Zeit ess dä will doll."

"Eijeijei", de Stobbe säht,
hott den Stoll verklärt gefräht,

wie doatt Mittel haaße dout,
doatt Eber wär so goud.

"Aisch waaßes net", soaht do de Hinz,
"et schmeckt genau wie Päfferminz."

Dä Hannel

En Holland soaht de Hermann Wimmer:
"Aisch hät geern fier drei Doach e' Zimmer."

Do soaht dä Mann vo der Pangsjon:
"Aans iss noch frei unn mit Balkoon.
Doch kost doatt Zimmer ebbes meh',
weil sie genau off's Meer naus seh'.

Et macht mit Blick dann sibbzisch Mack,
unn iss bestimmt nach ihr'm Geschmack.
Die annern ohne Blick off's Meer,
nur fuffzisch, doch die sinn net leer."

Do soaht de Wimmer: "Aisch well's nomme,
doch mißter mir entgeesche komme.
Weil, wenn aisch nur die fuffzisch blesche,
guck' aisch net naus, aisch doun's verspreche."

Doatt ääwerschte Gebot

De Parre froocht neulisch
en der Schul morjnds die Kenn,
wie all die Gebote
ze halle wull senn.

Dä Kall soaht: "Beim verte,
do wäärsch immer goud,
wammer niemols sei' Ellern,
alsfort ärjern nur dout."

"Beim Fünfte", doatt Friedsche
ganz offrischtisch säht:
"et wär schee, wammer goar net
jemand dud haache däht."

"Beim sechste do blieb mer",
soaht de Paul Hermann Reusch,
"met sei'm Leib unn aach sost'wu,
om beste ganz keusch."

"Aach off'd sibbte", soaht's Triensche,
"do muß mer droff baue,
mer sollt net die annern,
so aafach beklaue."

Unn de Kurt maant: "Beim nuinte,
doatt die Kerle net derfe,
off verheuroate Weibsleut,
ihr Aache droff werfe."

"Also daa", soaht de Parre,
"mer fasse zesomme,
wie kammer kammer om beste
en de Himme nenn komme?"

Do mellt saisch dä Paul,
dä doats werrer bringe:
"Ei nur wammer sterbt,
douts om beste gelinge."

Unpässlisch

Zwaa Bluimscher stanne off der Wiss
unn goawe saisch em Herbstwend Kiss.

"Aisch lejwe daisch", soaht zoart die aa".
"Aisch aach", haucht do die anner Klaa.

"Maanst dau", doat do die ierscht vermelle,
"mer sollte uss en Bien' bestelle?"

"Heut net", doats klaane Bluimsche stehne,
"schunn heut morjnd honn aisch Migräne."

Net verwunnerlisch

So'n Dejzer klaane Schreiner,
dä schrieb o' Trautmann's Heiner:

"Mir doaren Bank herstelle,
für sej ganz off die Schnelle.

Doch senn mir sehr betroffe,
kaa Geld ess enn'getroffe.

Mir wunnern uss dessweesche,
et dout saisch goar naut reesche."

Do schreib dä Trautmann's Heiner:
"Ihr seid schon ein Ladeiner.

Doatt ganze kunnt net glicke,
aisch doat jo noch kaan's schicke.

Blamabel

De Schmiemann hott hej orsch pikiert
bei so'ner Firma reklamiert:

"Mei' Kunde sehjn's schunn als Blamaasche,
wu bleiwe daa´die Trikotaasche?

Seit oacht Doach steh'n aisch en der Schoose,
em Loade ohne Hemd unn Hose."

Die Iwwerraschung

Doatt Hesse Lottsche soaht zur Sett:
"Heut Noacht, do woar'mer net em Bett.
Die Cora, ussern neue Hund,
kroach Junge baal zou jeder Stund."

"Oach jo", maant's Settsche, "so, so, so,
woar't ihr daa net verwunnert do?"
"Jo, niemand wußt", soaht's Lottsche Hess,
"doatt ussern Hund verheuroat ess."

Die Konfektionsgreeß

Dem Mäurer Paul sei' Settsche stehnt
em Bett, se wollt als sterwe.
Se hott saisch nochem Duud gesehnt,
unn schwätzt schunn vo' der Erwe.

Mei Schouh, die krejt die Dande Liss,
mei' goldern Kett det Bettsche,
mei' Handtasch geb der Babbelschniß,
unn aach doatt silwern Kettsche.

Mein Hout met dem gebluimte Rand,
den gibste dem Kathrinsche,
unn ach dä Belz do o' der Wand,
den krejt doatt Pieres Fiensche.

Unn dou mer noch verspräsche fest,
sollst dau en Fraa noch nomme,
doatt dau der net mei' Klaarer läßt,
die hall em Schank zesomme."

"Oach", soaht de Paul zou seiner Sett,
"do mach der kaa Gedanke,
de kimmst schunn werrer ausem Bett,
wie oft noch Sterwens'kranke.

Unn außerdem baßt der doch naut,
vo deine aale Klaarer,
die ess vill kräftischer gebaut,
ess greeßer unn aach braarer."

Virnome

Die Hebamm woar hej letzt bei Schmidt's,
's woar dringend unn aach wischtisch,
mer nohm se geern, weil's woar bekannt,
doatt sej ess äußerscht dischtisch.

Unn groad bei Schmidt's woar zou der Zeit
en gruuße Dorsche'nanner,
die Trine kroach en aaner Stunn
drei Kenner henner'nanner.

Ihr'n ierschte Boub, dä piffisch Franz,
so'n klaane kecke Stoppe,
doat iwwerall no' der Geburt
sei' Sprischjer driwwer kloppe.

Do frooch de Parrer aus dem Ort,
oab sej saisch schunn besunne,
woatt daa sein Babbe fier die drei
fier Nome hät gefunne.

Do soaht dä Franz: "Doatt steht schunn fest.
Kaum no' der Lääwenszeische,
doat 'Himmel Arsch unn Wolkebruch'
mein Babbe lauthals kreische."

Kopplehre

Det Schorschje zou sei'm Voadder säht,
oab ä' ihm net mol helfe däht.
Do en der Schul en der Physik,
hät im's Verrrecke ä' kaa Glick.

"Fräh nur, mein Boub", soaht dä do stolz,
"dein Babbe ess aus gourem Holz.
Schunn domols woar en seiner Klass
dein Voadder stets det greeßte As."

Do soaht det Schorschje inhaltsleer:
"Die Sach ess erklisch säuisch schwer.
Vielleischt kannst dau maisch mol belehr'n,
unn mir e' Vakuum erklär'n."

"E' Vakuum?" de Babbe fräht,
unn gleisch sei' Stern en Falte läht.
"Aisch honn's em Kopp do owwe drenn,
doch fällt mersch momendan net en."

Bazille-Iwwertraachung

Die Lehrerin soaht zou der Kenn:
"Wir kommen zu den Tieren.
Mal sind der Beine zwei dabei,
mal laufen sie auf vieren."

Se hott doatt Vehjzweusch offgezeischt,
woatt all so rim dout laafe,
unn doat die Kenn gedanklisch aach
en fremde Länner schlaafe.

Die aane kinnt, so soaht se noch,
mer saich em Haus drenn halle,
die annern ließe saisch, weil well,
doatt net so geern gefalle.

Doch dirft mer niemols so e' Vehj,
wie's Mensche mache, kisse,
weil Vire iwwertraache wern,
doatt mißt mer dobei wisse.

Se fräht aach gleisch, wer kinnt e'mol
e' Beispill dovo' nenne.
do mellt saisch's Noppe Christelsche:
"Aisch doun so'n Fall do kenne.

"Mei' Dande hat en Babbegei,
hott orsch o' dem gehange,
den hott'se immer morjnds gekißt,
dä ess kabutt dro' gange.

Dä ierschte Krach

Et troof saisch zom Schwätzje
beim Friseer o' der Eck,
Knopp's Leensche die Doache
unn's Brunhildsche Meck.

"Wie geht's", froocht die Leene,
"seiter werre gesund?
Woatt mäscht daa ihr Asthma,
wie ess de Befund?"

"Oach", soaht die Brunhilde,
"et geht, wie mersch nimmt,
et kratzt noch heim Houste,
wenn die Luft e'raus'kimmt.

Det Laad soll e'nenn foahr'n"
soaht's do noch ganz schwach,
"zwaa Wuche verheuroat,
unn schunn hommer Krach."

"Ei wie doatt?" fräht's Brunhildsche,
unn spitzt schunn die Uhrn.
"Woatt mäscht daa alleweil schunn
dein Jakob fier Duurn?"

"Et fing domet o",
heult det Leensche unn grollt,
"doatt dä met Gewalt
off det Hochzetsbild wollt."

Immerhie'

"Wer bild' mir gleisch e'mol en Satz",
soaht hej de Lehrer Delle,
"wu immerhie' als Wort drennsteht,
wenn's geht rasch off die Schnelle."

De Fritz meld saisch unn soaht ganz laut:
doat saisch aach goar net druxe:
"Ei immerhie' wern aisch baal nui
unn honn schunn lange Buxe."

Dä piffisch Auchust maant dezou:
"Aach aisch kann eusch aan veroare,
fast jeden Sunndoach immerhie',
honn mir en Rinnerbroare."

Da Ferdinand stann aach noch off,
unn soaht met kloare Aache:
"Mei Modder hott die Nochberschfraa
die Wuch ganz schlemm verhaache."

De Lehrer Delle guckt erstaunt,
unn doat den Ferd'nand fraache:
"Woatt hott's met immerhie' ze dou?
Doatt muß dau mir schunn saache."

Dä Ferdinand zur Antwort goab:
"Doatt kann aisch ihne zeesche,
mein Voadder dout zur Nochberschfraa
immer hie ganz haamlisch schleische."

Koppglick

De Deuwel wells, s'woar wie verrickt,
aisch ben me'm Fouß doch imgeknickt.
Rääschts unne em Gelenk dä Knoche,
ess laut der Dockter o'gebroche.

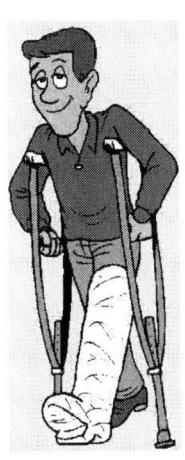

Dozou wär'n noch – se dääres wisse –
die Bänder gloattweg dorschgerisse.
Nau leij aisch hej em Krankehaus,
unn komm aach vier'ierscht net e'raus.

Dä Fouß, dä kloppt wie'n Spescht om Baam,
leiht off'ner Schien grui-bloh unn lahm.
Unn wie'se maisch honn inspiziert,
wern aisch sogar noch obberiert.

Doch honn aisch mir debei gedoocht,
so schlemm wie daisch dä Kroom aach
ploocht,
de hast noch Glick, mein lejwer Gott,
doatt's nur de Fouß getroffe hott.

Weil, wann de Kopp wär worn traktiert,
wär aach mei' Mundart ramponiert.

Die Garandie

De Schambes hat sei' Uhr verluurn
bei so'em Saufgelaache,
weil immer ä' bei solsche Duurn
wu'annerscht hott sei' Aache.

Om nächste Doach hott ä', verflucht,
em Wertshaus gleisch no' ihr gesucht.
Doch fand die Uhr saisch net meh' off,
mer kunnt noch so vill gucke.

De Schambes kroach dehamm aa' droff,
sei Liss doat heftisch spucke.
Nochdem'sen kräftisch engesaaft,
hott ä' saich do en neu gekaaft.

No' aaner Wuch hat schunn de Schloach
die Uhr, se ess net gange,
drim doare gleisch om nächste Doach
doatt Uhrngeschäft belange.

Ä' hott'se off de Disch gehaache
met gluihnisch Funke en der Aache.
"Ihr hobt gesoaht", hott ä' geschennt,
"se däät mei' lääblang halle,

doch doat'se weil schunn permanent
ganz ause'nanner falle."
Do soaht dä Mann ganz frei eraus:
"Beim Kaaf soaht ihr aach elend aus."

Die Schell

Doatt Hannjersch Luwiss hott verflucht,
hej Prinze Fritz mol offgesucht.
"De wollst doch", doat'sen drangsaliern,
"mei' Klingel längst mol raparier'n.

Schunn vier zwaa Monat soahste mir,
die Schell, die mach aisch o' der Dier.
Bis heut jedoch ess nix bassiert",
so plärzt'se mettem kurraschiert.

De Fritz zuckt metter Schullern nur,
unn plärzt genau'so en ihr Uhr:
"Fünfmol honn aisch maich hie'geploacht,
doch hott mir kaaner offgemoacht."

Dä gruußherzisch Franz

Em "Biefritz" soaß lejb Hand en Hand
so ganz verschmust e' Päärsche.
Det Loorsche unn ihr'n suiße Franz,
vertraamt wie ennem Määrsche.

"Derf aisch", so fräht verklärt die Lor',
"wenn mir baal honn de Seesche,
donoch noch weirer Schaffe geh',
aisch well maisch doch noch reesche."

"Nadierlisch", soaht de Franz zou ihr,
unn doat noch aane hääwe,
mir misse doch em Ehestand
vo' ierschend ebbes lääwe."

Gespillt

Vom Plaster drunne troof de Malm
dä viernehm Ludwisch Best.
Dä soaht zou ihm: "Wir hatten auch
hier letzt ein großes Fest.

Da wurde Liszt und Bach gespielt,
zu jedermannes Freude.
Ich bitte sie, so gibt's das noch
in dem modernen Heute.?"

"Doatt fenn aisch oawwer werklisch goud",
soaht do de Malm vo drunne.
"Gespillt hobt ihr, ei wer hott daa,
bei euerm Spill gewunne?"

Viereilisch

De Christian Henn vo' Schwalwestaa',
dä moacht e'mol en Duur allaa.
En Hambursch woar e' Bett bestellt,
en so'm Hotel fier deuer Geld.

Kaum woare en dem viernehm Haus,
do ließe schunn sein Ärjer raus:
"Nur weil aisch so klaa aussehj,
krej so winzisch Stubb aisch hej?"

Do soaht doatt Zimmermädsche: "Naa,
ihr Stubb, die ess jo goar net klaa.
Hier sinn'se doch, mein liewer Henn,
en der Kabin vom Offzuuch drenn."

Halb so well

Zom Barras mußt de Schorschkall hie',
no' Dejz zur fünfte Kompanie.
Kaum woare em Kaserne'hopp,
do klaacht ä' schunn: "Mein Kopp, mein
Kopp.

Ihr Leut, mir fällt doatt werklisch schwer,
me'm Kreislauf honn aisch gruuß Malleer."
"Doatt mäscht nix", soaht de Stabsarzt Kraus,
"bei uss marschiern mer nur groad'aus."

Die Antwort

De Parre soaht zum Bräutigam
vier'm Traualtar no'm Seesche,
wenn aisch sost frähe, säht mer 'jo',
unn doch net 'meinet'weesche'.

Prost

En Dackel soaht zom annern Hund,
dä' so om Wääg gelähe:
"Waaßt dau kaan Baam hej en der Näh?
Aisch kann maisch kaum noch wähe."

"Gleisch im die Eck", soaht dä zou ihm,
unn doats sogoar bene'jße.
"Da stimmt's jo", maant dä Dackel do,
"auf komm, mir douns bege'jße."

Die Alternativ'

Doatt Luwiss Meier, sost net iwwel,
hat em Gesischt en gruuße Riwwel.

Die Noas woar voll met klaane Knärzjer,
en Dockterschkreise säht mer Wärzjer.

Doch aanes Doachs woar voll doatt Maaß,
det Luwiss moacht en greeßer Raas,
unn fuhr do en so Institut,
doatt Weibsleut scheener mache dut.

Et hott aach gleisch no'm Preis gefräht:
"Knapp dausend Mack", de Dockter säht,
"dozou kimmt noch die Mehrwertsteuer,
em Endeffekt ess doatt net deuer."

"Net deuer sohn'se", stehnt die Liss,
"gibt's naut, woatt net so deuer iss?"
"Doch", soaht dä Dockter zur Fraa Meier,
"se kaafe saisch en en Hout me'm Schleier."

Frankforter Noachtlääwe

Zwaa Hinkel fuhrn no' Hesse,
im saisch ze amisiern.
Se doare aach en Frankfort
die Kneipe inspiziern.

"Zom Wienerwald, do geh'mer",
soahts aane Hinkel, "nenn,
weil do uss ganze Weibsleut,
senn puddelnackisch nackisch drenn."

Chronologisch

"Woatt muß mer ierscht", soaht de Pastor,
"wull mache, doatt die Sinde
aach gleisch vergewwe wern, ihr Kenn,
waaßt dau's, mei' lejb Gerlinde?"

"Jo, jo, aisch waaßes", soaht doatt do,
"woatt mer ze'ierscht muß mache.
Mol haamlisch schloofe mettem Borsch",
unn ganz schinnant doat's lache.

E' Sauglick

De Euler Kall ging off die Jacht
en Holzem em Geheesche,
im met poor annern ausem Ort
de Wildbestand ze fleesche.

Se honn saisch gleisch em Wald verdaalt,
de Fritz, de Schorsch, de Ebel,
unn dabbschte dorsch de dischte Tann,
morjnds en der Fruih em Nebel.

De pletzlisch guckt de Kall dorsch'd Gloas
unn soah woatt Schworzes sprenge,
ä' hott aach gleisch geschosse – peng –
off doatt schworz komisch Denge.

Do riefe laut: "Schorsch, bist dau noch do?"
"Woatt daa, aisch stehn hej henne."
"Unn Jupp, aach dau, wie ess met dir,
aach dau bist noch ze fenne?"

"Nadierlisch", rief de Jupp zou ihm,
"aisch stehn poor Schritt vom Haafe",
unn aach de Ebel hiert mer noch
dorsch Stripp unn Tanne laafe.

"Da ben aisch fruh", frohlockt de Kall,
"unn derf's noch mol erhoffe,
doatt aisch tatsäschlisch ääwe groad
en Wellsau honn getroffe."

Himmelsfluuch

"Maanste, doatt uss Dande Käth,
die saisch bees benomme,
däht no all der Schlääschtischkeit
en de Himmel komme?"

"Naa, gewiss net", soaht de Kall,
"unn aisch doun nete le'je,
weil nur fuffzisch Meter huuch
kann en Drache flehje."

Sonderreeschelung

Mir senn reformiert,
doch woatt dout's maisch jucke,
die Reschtschreibreform,
die ess mir meschugge.

Die gilt nur fier Leut,
die huuchdeutsch doun schreiwe.
Aisch derf bei der aal
dialektisch verbleiwe.

INHALT